DIANA, PRINCESSE DE GALLES

Le destin tragique d'une icône

Par Audrey Schul

50MINUTES.fr

DIANA, PRINCESSE DE GALLES

- **Naissance ?** Le 1er juillet 1961 à Sandringham (comté de Norfolk, Royaume-Uni)
- **Mort ?** Le 31 août 1997 à Paris (France)
- **Apports majeurs ?**
  - première épouse du prince de Galles Charles (né en 1948), avec qui elle a deux enfants, le prince William (né en 1982) et le prince Harry (né en 1984), héritiers de la Couronne britannique
  - modernisation de l'image de la famille royale britannique
  - modification de l'opinion publique à l'égard des malades du sida
  - conscientisation mondiale face au danger des mines antipersonnel
    « Goodbye England's rose
    May you ever grow in our hearts… »

Les paroles de la chanson *Candel In The Wind* d'Elton John (chanteur, pianiste et compositeur britannique, né en 1947) résonnent toujours dans l'abbaye de Westminster depuis qu'il les a chantées pour son amie la princesse de Galles lors de ses obsèques en 1997.

Lady Di, comme elle est surnommée en France, Diana Spencer de son nom de jeune fille, demeure sans nul doute l'une des princesses les plus célèbres du XXe siècle. D'origine aristocratique, elle épouse à l'âge de 19 ans le futur héritier de la Couronne britannique, le prince Charles. Hélas ! Ce mariage s'éloigne rapidement du conte de fées d'où il semblait sortir. Adultère et jalousie minent le couple et mènent à son divorce 15 ans plus tard, en 1996. Et bien que leur vie conjugale soit déjà fortement médiatisée, la séparation du couple princier attise bien plus encore les flashes des photographes et la plume acerbe des journalistes. Diana devient dès lors une personnalité *people* dont la vie s'étale dans les articles de presse, sur les photos des magazines ou dans les téléfilms.

Au-delà de cette notoriété médiatique incessante, elle joue un rôle considérable dans de multiples œuvres humanitaires, notamment dans l'éradication des mines antipersonnel et la lutte contre le sida, combat pour lequel elle n'hésite pas à bousculer certaines idées reçues.

Le 31 août 1997, accompagnée de son nouvel ami, Diana trouve la mort dans un terrible accident de voiture, dans le tunnel du pont de l'Alma, à Paris. Cette tragédie frappe le peuple britannique en plein cœur. S'ensuivent d'innombrables hommages à l'égard de cette princesse demeurant encore aujourd'hui tant aimée des Anglais.

BIOGRAPHIE

Lady Di en 1982.

DE L'ENFANT À LA LADY

Diana Frances Spencer naît le 1ᵉʳ juillet 1961 à Sandringham, dans le Norfolk. Issue d'une famille aristocratique, elle est la quatrième des cinq enfants d'Edward John Spencer (1924-1992), vicomte Althorp, et de sa première épouse Frances Burke-Roche (1936-2004). C'est à Park House que Diana grandit, entourée de ses sœurs aînées, Sarah (née en 1955) et Jane (née en 1957), ainsi que de son petit frère Charles (né en 1964). John (1960-1960), son autre frère, décède à l'âge de quelques mois seulement, un an avant la naissance de la future princesse.

Elle a 7 ans lorsque, suite à l'adultère de sa mère, ses parents prennent la décision de se séparer et divorcent en 1969. Lorsque Albert Spencer (1892-1975), grand-père paternel de Diana, meurt en 1975, son père hérite du titre de comte, ce qui fait désormais d'elle une lady. Un an plus tard, le comte Spencer épouse en secondes noces Raine McCorquodale (née en 1929) qui n'est autre que la fille aînée de la célèbre romancière Barbara Cartland (1901-2000). La nouvelle famille quitte Park House pour leur maison ancestrale d'Althorp, dans le comté de Northampton.

Barbara Cartland en 1987.

SON PARCOURS SCOLAIRE ET PROFESSIONNEL

Diana débute sa scolarité à la Silfield Private School à Gayton, dans le Norfolk. Elle quitte cet établissement à l'âge de 9 ans pour se rendre au Riddlesworth Hall. Elle rejoint ensuite ses deux sœurs à la West Heath Girls School à Sevenoaks, dans le Kent.

L'adolescente montre un grand talent pour la musique : elle se révèle être une pianiste hors pair. Elle rêve également d'une grande carrière de ballerine. À l'âge de 16 ans, en 1977, elle intègre l'institut Alpin de Videmanette à Rougemont, en Suisse, institution privée accueillant les jeunes filles de bonne famille. En 1978, elle retourne à Londres, là où réside sa mère Frances, et commence une série de petits boulots. Diana trouve enfin un poste de *nanny* chez une famille américaine et travaille en tant qu'enseignante dans un jardin d'enfants à la Young England School à Pimlico. À l'occasion de ses 18 ans, sa mère lui offre un appartement dans lequel elle résidera jusqu'à sa nouvelle vie de princesse.

UNE VIE DE PRINCESSE

C'est à l'âge de 19 ans que l'avenir de Diana bascule. La jeune femme rencontre le prince de Galles pour la première fois en novembre 1977. Ce dernier partage alors une histoire avec Sarah, la sœur aînée de Diana. Selon la version officielle, ils se revoient trois ans plus tard, durant l'été 1980, lors d'un match de polo. C'est alors, selon la presse, un véritable coup de foudre.

Pourtant, si l'on analyse plus en profondeur l'histoire des deux familles, on découvre que les aïeux de la jeune fille ne sont pas inconnus de la famille royale britannique : la grand-mère maternelle de Diana, Lady Fermoy (1908-1993), fut l'une des dames d'honneur préférées de la reine mère Élisabeth (1900-2002), grand-mère du prince Charles. Or la future princesse de Galles se doit d'être de souche aristo-cratique et célibataire... À l'heure de chercher une fiancée pour Charles, le regard de la famille royale se tourne dès lors vers Diana Spencer, une jolie jeune fille discrète et bien née. Le coup de foudre aurait-il été arrangé ? Aujourd'hui, cela semble évident, même si cela ne sera jamais officiellement confirmé.

Charles présente sa petite amie à sa famille lors d'un week-end à Balmoral (résidence écossaise de la famille royale) en novembre 1980. Leurs fiançailles sont gardées secrètes pendant quelque temps, pour être enfin annoncées publiquement le 24 février 1981. Le mariage a lieu quelques mois plus tard, le 29 juillet, à la cathédrale Saint-Paul de Londres. Par cette union, Diana devient Son Altesse royale la princesse de Galles, comtesse de Chester, duchesse de Cornouailles, duchesse de Rothesay, comtesse de Carrick, baronne de Renfrew, Dame des Îles et princesse d'Écosse. Elle conservera cette titulature jusqu'à son divorce.

L'année suivante, le 21 juin 1981, la nouvelle princesse donne naissance à son premier enfant, héritier du trône, William. Un second enfant, Henry (surnommé Harry), voit le jour quelques années plus tard, le 15 septembre 1984.

En parallèle, les époux s'acquittent des obligations liées à leur statut.

Le prince et la princesse de Galles s'entretiennent avec le président américain Ronald Reagan et sa femme, Nancy.

LOIN DES CONTES DE FÉES...

Malheureusement, le bonheur s'essouffle déjà. Les codes et les exigences de la vie à la cour entraînent bientôt Diana vers la dépression et la boulimie. Dans les années quatre-vingt-dix, le couple princier reconnaît traverser quelques déboires. Or la famille royale britannique demeure l'une des plus médiatisées d'Europe ; leurs problèmes conjugaux deviennent rapidement la proie de la presse. Dès lors, les titres des journaux internationaux s'en emparent à leur tour, pour n'en tirer que scandales et drames. Une bataille sans merci commence entre Diana et Charles : l'un et l'autre s'entre-déchirent en s'accusant mutuellement d'adultère.

Charles montre en effet beaucoup d'intérêt pour une autre femme, Camilla Shand (future Parker-Bowles, née en 1947), qu'il connaît depuis quelques années déjà. La jeune femme, jugée insuffisamment aristocratique et dépréciée pour son franc-parler, avait été exclue des éventuelles prétendantes du prince de Galles. De son côté, il semble que Diana ait également eu quelques relations extra-conjugales.

Annus horribilis, voici comment la reine qualifie l'année 1992, elle qui doit faire face aux séparations de trois de ses enfants. Le premier divorce annoncé est celui de son unique fille, la princesse Ann (née en 1950) qui se sépare de son mari, le capitaine Mark Philips (né en 1948). C'est ensuite le tour du mariage du prince d'York, Andrew (né en 1960), le second fils de la reine, de prendre fin. Il rompt avec Sarah Ferguson (née en 1959), son épouse depuis 1986. Enfin, sans nul doute l'affaire la plus médiatisée de par la célébrité de la princesse, Charles et Diana annoncent officiellement leur séparation le 9 décembre. Le divorce a lieu en 1996. Diana perd alors son titre d'altesse royale, mais reste un membre de la famille royale à part entière, en raison de son rôle de mère des futurs héritiers. Elle conserve son statut de princesse de Galles, à titre purement honorifique.

LE SAVIEZ-VOUS ?

Entre ces déboires s'immisce un autre drame, et non des moindres, car il touche un symbole de la royauté britannique : une partie du château de Windsor est emportée par les flammes. Tragédie hautement symbolique à l'égard de laquelle l'historien des dynasties européennes Jean des Cars (né en 1943) déclare : « Windsor en feu, c'est la monarchie qui se consume. » (*La saga des reines*, p. 425)

Le château de Windsor est ainsi ravagé par un incendie dans la nuit du 19 au 20 novembre 1992. Il ne faudra pas moins de 15 heures pour repousser les flammes, qui laissent derrière elles un véritable désastre : bon nombre de salles (dont certaines très anciennes) et d'éléments décoratifs précieux sont réduits en cendres. Des milliers d'œuvres d'art et une partie de la bibliothèque ont cependant pu être sauvées.

Les innombrables travaux de réparation ont été achevés en novembre 1997. Paradoxalement, toutes ces rénovations ont eu des conséquences bénéfiques, dans le sens où une importante campagne de recherches archéologiques a conduit à une meilleure connaissance des origines de la forteresse de Windsor.

UN DESTIN TRAGIQUE

Malgré ce divorce avec l'héritier de la Couronne britannique, la nouvelle vie de Diana ne la protège nullement de la ferveur des paparazzis. Ses nouvelles idylles sont épiées et font la une des tabloïds.

Au cours du mois de juillet 1997, Diana entame une relation avec Dodi Al-Fayed (1955-1997), le fils d'un milliardaire égyptien. Mais cette nouvelle relation amoureuse n'aura pas le temps de s'épanouir. Le 31 août, de passage à Paris, Dodi et

Diana tentent une nouvelle fois d'échapper à l'engouement médiatique. Malheureusement, la voiture dans laquelle ils se trouvent tous deux s'encastre accidentellement dans un des piliers du tunnel du pont de l'Alma. Dodi Al-Fayed et le chauffeur décèdent sur le coup alors que Diana meurt quelques heures plus tard à l'hôpital Pitié-Salpêtrière de Paris. Ses funérailles sont célébrées le 6 septembre 1997 en l'abbaye de Westminster. Elle repose actuellement à Althorp, sur une petite île entourée d'un lac nommé The Round Oval.

Aujourd'hui encore, la princesse Diana laisse un souvenir incommensurable dans l'esprit du peuple britannique, qui la surnomme « la princesse des cœurs ».

CONTEXTE

DES HEURES SOMBRES
POUR LE PEUPLE ANGLAIS

Portrait officiel de Margaret Thatcher.

Le Royaume-Uni compte de nombreuses figures féminines emblématiques ayant marqué son Histoire. Si la princesse Diana y occupe une place de choix durant les années 1980-1990, une tout autre dame fait alors également beaucoup parler d'elle. Il s'agit de Margaret Thatcher (1925-2013).

Nommée Premier ministre du Royaume-Uni en 1979, « Miss Maggie » devient la première femme à diriger le Gouvernement d'un pays européen. Son arrivée au pouvoir représente un tournant politique important de par les nombreuses réformes radicales qu'elle instaure.

Elle entreprend ainsi de combattre en premier lieu l'inflation, de réduire la fiscalité, de privatiser les entreprises publiques, mais aussi de diminuer le poids des syndicats et le rôle de l'État dans l'économie. Cette politique augure des temps difficiles pour les Britanniques : la production industrielle chute, le chômage explose. Ce premier mandat se révèle donc compliqué, et les résultats de ces réformes se font attendre. Le mécontentement général gronde.

Le 2 avril 1982 éclate la guerre des Malouines. Possessions britanniques portant le nom de Falkland Islands en anglais, ces îles sont envahies par l'Argentine qui revendique leur souveraineté. Le conflit prend fin deux mois plus tard, le 14 juin 1982, avec la défaite de l'armée argentine. En plus de rendre au Royaume-Uni un peu de cette grandeur qu'il avait perdue, cette victoire fait grimper la cote de popularité de Margaret Thatcher. Cela lui permet d'être réélue pour un deuxième mandat en 1983 et d'ainsi donner un nouvel élan à sa politique.

Rapidement, elle doit faire face au mécontentement des syndicats. Suite à la décision gouvernementale de fermer de nombreuses mines de l'industrie publique parce que jugées non rentables, les mineurs britanniques se mettent en grève pendant une année, de 1984 à 1985. Les autorités refusent de céder. Les syndicats, vaincus, sortent affaiblis de ces manifestations. La précarité du travail et la pauvreté s'aggravent, même si la productivité augmente. Au centre de tout cela, l'économie anglaise reprend son souffle, mais c'est presque uniquement à la City et à la finance qu'elle le doit.

Margaret Thatcher entame son dernier et troisième mandat en 1987. Suite à l'instauration d'un nouvel impôt local en 1990 – l'impopulaire *poll tax*, substitut de la taxe d'habitation –, sa politique monétaire ne remporte pas tous les suffrages. C'est ainsi que Madame le Premier ministre annonce son retrait du Gouvernement en novembre 1990.

LE SAVIEZ-VOUS ?

Margaret Thatcher est à ce jour le Premier ministre qui détient le plus grand nombre d'années à la tête du Royaume-Uni depuis 1868.

DE SYMBOLE DE LA NATION
À STAR DE LA PRESSE *PEOPLE*

S'il est un élément à souligner dans le contexte sociétal qui a fortement influencé l'histoire de Lady Di, c'est bien le poids grandissant de la médiatisation et la « peopolisation » de la souveraine britannique et de ses proches.

La famille royale d'Angleterre demeure immanquablement l'une des monarchies les plus populaires d'Europe, voire du monde. Elle suscite un intérêt considérable auprès de son peuple, pour qui elle est un symbole à la fois de tradition et d'unité. Toutefois, les membres de la Couronne doivent eux aussi faire face aux joies et aux drames de la vie. Certaines réactions choquent, d'autres plaisent. Pourtant, cet engouement populaire est versatile, tantôt favorable, tantôt hostile. Après soixante années de règne, Élisabeth II (née en 1926) ne l'ignore pas. Elle en vient à qualifier l'année 1992 d'*annus horribilis*, suite à tous les malheurs qui s'abattent sur Buckingham Palace. Mais le désarroi de certains fait l'affaire des autres, car cette famille royale britannique reste l'objet favori des médias avec lesquels elle entretient une longue et tumultueuse relation depuis de très nombreuses années.

À la mort de son père, le roi George VI, le 6 février 1952, la princesse Élisabeth, alors âgée de 26 ans, accède au trône royal britannique et à la tête du Commonwealth. Un an plus tard, le 2 juin 1953, la jeune fille est couronnée reine d'Angleterre en l'abbaye de Westminster et devient ainsi le dernier souverain sacré au XXᵉ siècle. Cet événement historique est retransmis en direct sur les écrans de télévision dans cinq pays : l'Angleterre, la France, la Belgique, les Pays-Bas et l'Allemagne, ce qui va largement contribuer à faire d'Élisabeth II la souveraine la plus photographiée et la plus médiatisée de l'époque. Elle et sa famille occupent dès lors la première place dans les journaux, surtout lors des moments difficiles.

L'image de ce modèle de famille royale idéale contribue à la stabilité du pays. Le titre royal n'épargne malheureusement pas ses membres des aléas de la vie. Cette existence dite exemplaire de la famille souveraine se voit bientôt ternie par quelques tribulations. Les relations amoureuses et la vie tumultueuse que mène la sœur cadette d'Élisabeth II, Margaret (1930-2002), attirent l'intérêt médiatique et font la une de la presse, ce qui discrédite une partie de la famille royale aux yeux du peuple. Malheureusement, la reine sous-estime la dimension publique que prennent les affaires privées de la Couronne.

En 1977 est célébré le 25e anniversaire de règne de la souveraine. L'ensemble des festivités données en cet honneur rencontre un franc succès et permet de réaffirmer la popularité de la reine. Malgré cela, le poids de la médiatisation prend tellement d'ampleur qu'il devient difficile d'y échapper. Les membres de la famille royale, initialement symboles de la nation, deviennent, bien que toujours entourés d'un certain prestige, des éléments parmi d'autres d'un *star-system* mondial.

Ce phénomène s'accentue davantage avec l'arrivée de Diana, cette jolie femme proche des gens et malheureuse dans ses rôles de princesse et d'épouse. La surmédiatisation de ses relations difficiles avec son mari et sa belle-mère oblige le peuple à prendre parti, souvent au détriment des Windsor, desservis par leur attitude trop réservée, perçue comme froide, face à une Diana très appréciée des sujets britanniques. Les révélations concernant l'adultère de Charles avec Camilla ne font qu'accroître la notoriété de son épouse, alors que celle de la reine et de sa famille s'effondre. Car bien que ces scandales soient suivis avec passion par les citoyens anglais, ils n'en discréditent pas moins une monarchie censée représenter un idéal de stabilité et de tradition.

LE MARIAGE DU SIÈCLE

Jeune fille discrète et timide, rien ne laisse présager qu'un jour Diana Spencer appartiendra à l'une des familles royales les plus en vue du XXᵉ siècle. Issue d'une famille aristocratique dont certains ancêtres étaient au service de la Couronne britannique, Diana rencontre son futur époux officiellement pour la première fois en 1977.

À cette époque, la famille royale s'inquiète quelque peu de la liaison qu'entretient le futur héritier, alors âgé de 32 ans, avec une femme déjà mariée, Camilla Parker Bowles. Afin d'assurer à son fils un mariage plus conforme à son statut, Élisabeth II tente de trouver une prétendante plus « adéquate ». L'élue est Diana Spencer, une jeune fille bien née de 19 ans. Bien que la presse essaye de vendre cette rencontre comme un véritable coup de foudre, la réalité est autre. Les Spencer ne sont en effet pas inconnus de la famille royale : le père de Diana est un ancien écuyer de la reine, et son jeune frère, un filleul de celle-ci. Les deux jeunes gens se sont donc déjà rencontrés à de multiples reprises. N'ignorant pas la place qu'occupe Camilla auprès de Charles, Diana accepte toutefois la demande en mariage de celui qui devient *de facto* son fiancé en 1981.

Cette union a une certaine importance historique, car les dernières noces d'un prince de Galles datent de 1863 (celles du futur souverain Édouard VII, 1841-1910, avec Alexandra du Danemark, 1844-1925). L'enthousiasme médiatique et populaire pour ce mariage princier est sans précédent. Le nombre d'invités étant considérable (2 700), la cérémonie se déroule en la cathédrale Saint-Paul à Londres, au lieu de prendre place à Westminster comme l'usage le veut. La célébration est suivie par 750 millions de spectateurs à travers le monde, grâce à sa rediffusion sur 90 chaînes de télévision. Qualifiée de « mariage du siècle », comme le sera également celui de leur fils William pour le siècle suivant, cette union fait basculer la maison Windsor dans la modernité.

Arrière de la pochette contenant le vinyle de l'enregistrement du mariage, effectué par la BBC.

UNE SÉPARATION ET UN DIVORCE SOUS LES PROJECTEURS

Rapidement, la vie à la cour royale s'avère assez difficile. Diana peine à trouver sa place, malgré sa bonne volonté. Sa santé se révèle également fragile : elle souffre de boulimie et demeure la proie de phases dépressives. S'ajoute à cela une relation déjà compliquée avec Charles.

Ces difficultés passent cependant au second plan pendant un temps lorsque survient la première grossesse de la princesse. Leur fils aîné, William, voit le jour le 23 juin 1981. Il est suivi trois ans plus tard par le prince Henry (dit Harry), le 15 septembre 1984. Très proche de ses enfants, Diana s'implique pleinement dans leur éducation et ne la délègue que rarement à son époux ou à la famille royale. Loin des conventions et en dépit des critiques, elle choisit elle-même leur nourrice, leurs écoles, et n'hésite pas à les emmener lors des voyages protocolaires.

Malgré le bonheur que leur procurent leurs deux garçons, le couple connaît de plus en plus de difficultés. Le prince de Galles renoue avec son ancienne maîtresse Camilla en 1987 ; le mariage de Charles et Diana n'est dès lors plus qu'une façade. Tous deux s'accusent mutuellement d'adultère : Charles avec Camilla ; Diana avec un certain James Hewitt (né en 1958). Ces tourments princiers font la joie des médias qui s'en emparent et les étalent au grand public. Les publications se multiplient. Un livre en particulier rencontre un succès incroyable : il s'agit d'un ouvrage d'Andrew Morton ayant pour titre *Diana, Her True Story*. La princesse s'y raconte en se présentant comme une femme trompée ne pouvant aucunement compter sur le soutien de la famille royale. Elle y révèle également ses problèmes de boulimie, sa solitude, mais aussi ses tentatives de suicide. Ces déclarations font l'effet d'une bombe. Face à l'indécence de ces propos, Élisabeth II et son mari prennent résolument parti pour Charles, alors que l'opinion publique rejoint celui de la princesse meurtrie.

Le 9 décembre 1992, le Premier ministre John Major (né en 1943) annonce la séparation du couple, en insistant sur le fait qu'il ne s'agit pas d'un divorce. Ils continuent à poursuivre ensemble l'éducation de leurs enfants tout en apparaissant également à deux dans certaines circonstances nationales ou familiales. Par contre, ils assurent chacun séparément leurs engagements publics. Malgré cela, les scandales continuent d'éclater. Une conversation intime entre Charles et Camilla datant de 1989 est publiée dans la presse. Viennent ensuite des photos de Diana, puis une interview accordée par cette dernière à la BBC dans laquelle elle revient sur ses déboires conjugaux. Elle y déclare ne pas vouloir divorcer ni régner de manière officielle, mais fait part de ses doutes quant aux capacités de Charles à régner.

C'en est trop. Pour le bien de la monarchie, cette querelle intestine et ces reproches incessants doivent cesser. C'est la reine qui suggère à son fils et à sa bru d'entamer une procédure de divorce. Suite à cette décision, devenue définitive le 28 août 1996, l'éducation de William (15 ans) et de Harry (12 ans) continue à être confiée aux deux parents. Concernant ses biens, Diana conserve ses bureaux au palais de Saint-James et peut continuer à habiter à Kensington Palace. Néanmoins, le titre d'altesse royale lui est enlevé, tandis que celui de princesse de Galles est maintenu.

Suivant un usage déjà très ancien, les princes et les princesses de la famille royale britannique qui sont altesses royales n'ont généralement pas recours à leur nom de famille. Leur patronyme est officiellement Mountbatten-Windsor.

Le nom de la maison royale, Windsor, anciennement Saxe-Cobourg-Gotha, fut décidé en 1917 par George V. En effet, soucieux d'éclaircir sa position face à sa parentèle germanique suite à la Première Guerre mondiale (1914-1918), le souverain britannique décide de modifier ce patronyme à consonance allemande pour un autre typiquement anglais. Il opte pour Windsor, nom d'une des emblématiques résidences royales.

En 1960, Élisabeth II et son époux Philip (né en 1921) prennent à leur tour la décision de créer un nom de famille réservé à leurs descendants directs. Celui-ci sera composé du patronyme de la maison royale – qui ne change pas –, et de celui de Mountbatten, nom de famille initial du prince Philip.

Malgré le divorce, le prince Charles et son ex-épouse demeurent toujours aussi romanesques. La vie personnelle de Diana continue de susciter l'intérêt de la presse. Elle devient l'une des femmes les plus photographiées au monde. Tout ce déballage médiatique permanent sur les nouveaux amours de son ancienne belle-fille est jugé insupportable par Élisabeth II, qui l'accuse de prendre plaisir à ces provocations afin de se venger de la famille royale.

LA « ROCK'N'ROYAUTÉ »

Le 24 février 1981, lorsque le prince héritier Charles annonçait officiellement ses fiançailles avec Lady Diana Spencer, c'est un véritable tourbillon médiatique et populaire inattendu qu'on a vu s'agiter autour du jeune couple. Quelques mois plus tard, le monde entier était au rendez-vous devant sa télévision pour suivre le mariage. Un moment en particulier marque alors les esprits : la fameuse scène du baiser échangé par les nouveaux mariés au balcon de Buckingham Palace, du jamais vu ! Dès ce moment, le couple princier séduit les Britanniques, qui ne demandent qu'à être informés de ses faits et gestes.

En parallèle, sur la scène culturelle, les années quatre-vingt apportent leur lot de changements en matière de musique et de mode. L'apparence et le style vestimentaire prennent une importance nouvelle. Les médias surfent sur cet engouement qui se reflète dans les magazines et les campagnes publicitaires.

Dès lors, lorsque Diana, déjà la cible des paparazzis, décide de s'affranchir des codes imposés à la cour en adoptant un style chic plus moderne, c'est l'effervescence. Elle devient le modèle à suivre et apporte à la mode une image de luxe. Incessamment détaillées et commentées par les médias, ses tenues incarnent alors le style britannique pour le monde entier, un style que le journal *Vogue* désignera par l'expression « rock'n'royauté ».

Lady Di en couverture du *Vogue* en mai 1993.

La princesse s'intègre ainsi parfaitement à cette décennie particulière durant laquelle les excès de la mode ou de la musique s'efforcent d'éloigner ou de masquer les temps sombres. Promise à une vie de conte de fées qui se révèle malheureusement tout autre, cette jeune femme, de nature fragile et docile, tente de survivre en puisant dans ce que son époque lui propose.

Défiant les règles, elle parvient au fil du temps à s'imposer par son charisme et sa philanthropie. Perçue comme une altesse moderne, son amour pour ses enfants ou encore l'échec de son mariage sont autant d'éléments qui contribuent pourtant aussi à faire d'elle une personne ordinaire malgré son rang. Les heures difficiles que rencontrent certaines personnes se voient allégées par l'attention que leur porte Diana. Cette bienveillance, cette élégance et une volonté à toute épreuve sont autant de qualités qui font d'elle une icône de modernité, de mode et de gentillesse.

Photo de la princesse en icône de mode pour le magazine *Vanity Fair*.

DES COMBATS À TOUTE ÉPREUVE

Lady Di et Mère Teresa

En tant que princesse royale, Diana est amenée à faire de nombreuses apparitions publiques, notamment dans les écoles et les hôpitaux, afin d'apporter son soutien à diverses associations caritatives. Elle devient dès lors présidente de très nombreuses œuvres de charité aidant les enfants malades, les sans-abri ou encore les toxicomanes. Ces engagements l'amènent à voyager à travers le monde et lui permettent de s'entretenir avec des représentants célèbres de ces organisations. En 1992, à l'occasion de l'une de ces visites, dans un hôpital à Calcutta en Inde, Diana rencontre Mère Teresa (1910-1997), avec laquelle elle entretiendra des liens d'amitié jusqu'à sa mort.

Lors d'un court séjour en Russie en 1995, dans le cadre d'une visite à des enfants malades, la princesse se voit attribuer le prestigieux prix international Leonardo, une récompense décernée à des personnalités ou à des mécènes qui se sont distingués dans des domaines tels que l'art, la médecine ou le sport.

L'engagement de la princesse Diana envers les plus démunis va au-delà de sa fonction royale. Rongée en privé par la solitude, elle parvient à oublier ses problèmes personnels en se tournant vers ces victimes qui souffrent davantage. Cet investissement humanitaire insuffle dès lors une utilité à la monarchie dont le rôle est habituellement d'ordre bien plus représentatif dans ces œuvres de charité. Grâce à son dévouement aux autres, la princesse devient une femme conquérante et occupe désormais une position de force.

Elle n'est bien entendu pas la première à s'être engagée dans de telles causes, mais elle demeure sans nul doute la première à jouer à ce point de sa popularité pour défendre ces associations. Ces mêmes médias qui exposent sa vie aux yeux de tous vont lui être profitables. Elle n'hésite pas à se servir des micros et des caméras pour soutenir les combats qui la touchent. En outre, Diana n'agit pas uniquement au travers des mots ; elle se rend sur le terrain, malgré le danger que cela peut représenter, comme lors de son voyage en Angola pour lutter contre les mines antipersonnel. Les photos, les témoignages qui sont issus de ces campagnes humanitaires et caritatives sont, pour la princesse, un moyen de mettre sa notoriété au service de causes qui lui sont chères.

Malgré son divorce avec le prince Charles, il est important pour Diana de continuer son engagement envers ces associations, tout en en réduisant le nombre. Elle peut alors se consacrer pleinement à certains combats qui lui tiennent particulièrement à cœur, notamment la lutte contre le sida et contre les mines antipersonnel.

Le virus du sida

Les années quatre-vingt demeurent une période très importante en ce qui concerne l'évolution ou l'apparition de certaines maladies. C'est notamment le cas du sida (syndrome d'immunodéficience acquise). Les débuts de l'épidémie apparaissent en 1981 dans plusieurs villes américaines. Suite à de nombreuses et laborieuses recherches scientifiques, les médecins diagnostiquent l'origine virale de la maladie. En 1986, les chercheurs nomment le virus du sida « VIH » pour « virus de l'immunodéficience humaine » (« HIV » en anglais). Au fil du temps, l'épidémie évolue et devient rapidement une pandémie. Prenant conscience de la gravité de la situation, l'assemblée générale des Nations unies se réunit le 26 octobre 1987 afin d'appeler tous ses

États à combattre le fléau. L'ONU met dès lors en place un programme, Onusida, dont la priorité réside dans la lutte contre ce terrible mal.

De nombreuses célébrités, dont la princesse Diana, décident d'apporter leur aide et leur soutien à cette cause. En 1989, elle contribue à l'ouverture d'un centre d'aide aux victimes du sida dans le Sud de Londres. Elle se fait également remarquer à Washington, à la Grandma's House, une maison destinée à accueillir des jeunes victimes du virus, en prenant dans ses bras une petite fille infectée.

Elle joue un rôle capital dans la modification de l'opinion publique envers les malades. En effet, à l'époque, beaucoup pensent que la contraction du virus se fait par simple contact avec un séropositif. Lors d'une mission à São Paulo au Brésil en 1991, Diana décide de mettre fin à cette croyance, en se laissant photographier avec, dans les bras, un nourrisson porteur du virus ou encore en échangeant une poignée de main avec une personne séropositive. Ces clichés font le tour du monde. Par ce geste qui semble anodin, la princesse désire sensibiliser l'opinion mondiale à l'isolement que subissent les malades. Une fois de plus, elle se prend au jeu des médias afin de susciter une prise de conscience envers les victimes du sida.

Avec ces photos, elle s'attire par la même occasion la colère de la reine Élisabeth qui désapprouve l'intérêt de sa belle-fille pour cette cause. Elle lui conseille d'opter pour des œuvres de charité plus « agréables », ce qui ne fait qu'encourager Diana à poursuivre davantage encore les engagements qu'elle a choisis.

En mars 1997, quelques mois avant sa mort, elle entame un voyage en Afrique du Sud où elle rencontre le président Nelson Mandela (1918-2013) dans le but de collaborer avec lui dans la recherche de fonds pour aider les personnes atteintes du sida.

Les mines antipersonnel

Une autre noble cause suscite l'intérêt de la princesse, celle des mines antipersonnel. En tant que marraine de l'organisation The HALO Trust, elle va à la rencontre des victimes et s'informe sur les futurs projets d'opération de déminage. Elle apporte également son soutien dans les diverses campagnes de sensibilisation et d'éducation sur les divers dangers de ces mines.

THE HALO TRUST

The HALO Trust est une organisation fondée en 1988 par Colin Mitchell, sa femme Susan Mitchell et Guy Willoughby. Tous trois, témoins des dégâts engendrés par les mines antipersonnel et par les débris d'autres explosifs suite à la guerre entre l'Afghanistan et l'URSS en 1988, décident d'agir ensemble contre ces catastrophes. Au fil du temps, la portée et l'ampleur de leur mission, ainsi que leur équipe, se sont étendues. En 2009, après une guerre civile au Sri Lanka, ces volontaires humanitaires ont réussi à détruire 100 000 mines antipersonnel, permettant ainsi à la population locale de retourner chez elle en sécurité. The HALO Trust mène actuellement des actions en Syrie et en Ukraine.

En janvier 1997, elle entreprend un voyage en Afrique, plus précisément en Angola. Dans le cadre de cette mission, la princesse de Galles fait une nouvelle fois parler d'elle : plusieurs photos la montrent dans un champ de mines, coiffée d'un casque anti-balles et vêtue d'une veste pare-balles, image bien éloignée des conventions.

En août de la même année, peu de temps avant son décès, elle se rend cette fois en Bosnie-Herzégovine avec le Réseau des survivants des mines terrestres (*Landmine Survivors Network*). Son attention se porte sur les dommages corporels causés par ces armes, notamment sur les enfants. L'intention de cette lutte réside dans la volonté de démontrer et d'en révéler le coût humain afin de parvenir un jour à l'interdiction mondiale de leur utilisation.

L'engagement de Diana pour ces combats, que ce soit la lutte contre le sida ou celle des mines antipersonnel, aura un impact considérable au niveau social mais aussi politique.

GOODBYE ENGLAND'S ROSE...

Malgré les nombreux temps forts qui ont parsemé l'existence de la princesse Diana, il en est un qui demeure et restera à jamais dans les mémoires, celui de sa mort tragique le 31 août 1997. L'accident survient à Paris, dans la nuit du samedi 30 au dimanche 31 août, dans un tunnel du pont de l'Alma. Depuis son divorce avec Charles, la vie amoureuse de Diana n'a jamais cessé d'intéresser les médias. Ses moindres faits et gestes font la une des journaux. Par ailleurs, le prince de Galles ne cache plus l'histoire d'amour qu'il vit avec Camilla ; la presse ne sait plus où donner de la tête...

En juillet 1997, la princesse affiche sa nouvelle idylle avec Dodi Al-Fayed, l'un des fils de Mohammed Al-Fayed (né en 1929), un richissime homme d'affaires égyptien. Ils passent tous deux le premier mois d'été avec William et Harry à Saint-Tropez. Alors que ces derniers rejoignent leur père à la résidence de Balmoral en août, Diana et Dodi passent du temps ensemble le long des côtes de Sardaigne au cours d'une croisière romantique qui, bien évidemment, n'échappe pas aux objectifs oppressants des paparazzis. Profitant d'un court séjour dans la capitale française, le couple se rend à l'hôtel Ritz, établissement appartenant au père de Dodi. Vers minuit, pour une raison à ce jour encore inconnue, Diana et son amant montent à bord d'une voiture conduite par un certain Henri Paul, sous l'œil d'un garde du corps. Roulant à pleine vitesse, le véhicule s'encastre peu de temps après dans un pilier du tunnel. Le choc est violent : alors que Dodi Al-Fayed et le chauffeur perdent la vie sur le coup, la princesse, très grièvement blessée, est emmenée d'urgence à l'hôpital de la Pitié-Salpêtrière à Paris. La mauvaise nouvelle est aussitôt transmise à Élisabeth II ainsi qu'au président français, Jacques Chirac (né en 1932). En dépit de tous les soins qui lui sont prodigués, Lady Di décède au milieu de la nuit, à l'âge de 36 ans. La reine britannique en reçoit instantanément la confirmation.

Suite à la mort inopinée de cette lady tant aimée, les hommages se multiplient, tant au niveau national que mondial. S'ensuivent les funérailles, le 6 septembre 1997. Sous les yeux d'un peuple britannique meurtri, entouré de Charles, de ses deux fils, de la reine d'Angleterre et son époux Phillip, de *Queen Mum* (la reine mère Élisabeth) et enfin de son frère et de ses sœurs, le corps de la princesse est conduit à l'abbaye de Westminster, pour une cérémonie pleine d'émotion où se succèdent discours et marques d'affection des nombreux amis de la défunte. L'enterrement se déroule quant à lui loin de la foule et des médias, à Althorp, résidence de la famille Spencer depuis des siècles. La princesse Diana y repose depuis lors, sur une petite île au milieu du lac situé dans le parc. Cet endroit a été choisi par Lord Spencer, son frère, afin d'assurer un lieu de recueillement d'ordre privatif pour les enfants et les membres de la famille de Lady Diana.

RÉPERCUSSIONS

POLÉMIQUES SUR UN DÉCÈS SUSPECT

Le destin est plus que probablement le seul coupable de la mort tragique de la princesse Diana. De multiples théories, quelquefois farfelues, ont toutefois vu le jour.

Si les autorités concluent rapidement à un accident, les circonstances de celui-ci font longtemps l'objet de débats passionnés. Une hypothèse s'attache ainsi à mettre en évidence le rôle d'une bande de paparazzis à moto poursuivant la voiture des amants. Cette version sera contestée. Une autre reconnaît l'état d'ébriété du conducteur, certains témoins affirmant l'avoir vu ivre avant de prendre le volant. Au fil de l'enquête, les dépositions du personnel hôtelier et les divers tests sanguins effectués sur le corps du chauffeur attestent bien d'une consommation d'alcool ce soir-là, ainsi que de la prise de médicaments.

Au-delà de la thèse de l'accident, certains y voient un attentat, pendant que d'autres n'hésitent pas à crier au complot. Les actions de la princesse dans sa lutte contre les mines antipersonnel embarrassaient-elles certains dirigeants ? La famille royale elle-même a été la cible d'accusation : Diana aurait été exécutée à la demande de la Couronne, car elle était trop dérangeante.

Malgré les nombreuses suppositions qui ont été faites et faute de preuves irréfutables, c'est la thèse de l'accident qui à ce jour est retenue. Le père de Dodi Al-Fayed reste quant à lui convaincu qu'il s'agit d'un meurtre. Le mystère reste entier.

Mémorial de la mort de Diana et Dodi chez Harrods, érigé en 1998 par le père de Dodi, Mohamed Al-Fayed, alors PDG du grand magasin londonien.

VERS UNE RÉCONCILIATION MÉDIATIQUE

Le décès tragique de Lady Di en 1997 ébranle considérablement les esprits partout dans le monde. L'émotion est générale et touche aussi bien la foule anonyme que les proches de la princesse. Les marques de sympathie et d'affection de la part des citoyens anglais se multiplient. Or, face à eux, la Couronne se mure dans le silence.

La reine et les membres de la famille royale restent muets devant la détresse de leurs sujets, ce qui n'est pas sans conséquence. La réaction froide de la reine face à la mort tragique de celle que la presse n'hésite plus à ériger en idole assombrit l'image monarchique. C'est la première fois depuis son avènement qu'Élisabeth II se voit confrontée à l'hostilité de son peuple. Comment cette reine, d'habitude si attentive aux malheurs du royaume, peut-elle rester si lointaine devant une telle tristesse populaire ? Il est vrai que, tout au long de sa vie, Diana a su occuper une place toute particulière dans le cœur des Anglais, ce qui a bien souvent mis à mal la popularité de la souveraine, pourtant très appréciée elle aussi. Dès lors, cette « indifférence » royale est rapidement perçue comme un abandon.

Par la suite, les apparitions répétées et les messages de compassion de la reine, sans doute trop tardifs, ne parviennent pas à effacer la rancune ressentie par son peuple. D'autant plus que le souvenir de la princesse reste bien présent : en 1999, le quotidien *The Times* positionne Diana comme l'une des personnalités les plus importantes du XXe siècle. En 2002, un sondage de la BBC la classe troisième parmi les 100 Anglais les plus célèbres, ce qui la place devant la reine. Stephen Frears (réalisateur britannique, né en 1941) traduit parfaitement ce malaise dans son film *The Queen*, sorti en 2006.

La reconquête de l'opinion se montre longue et difficile. En 2002, le décès de *Queen Mum*, symbole de l'unité nationale, et celui de la sœur de la reine, Margaret, tend à rétablir l'attachement que porte le peuple anglais à sa souveraine.

La confiance se rétablit en 2011 lors d'un grand événement très attendu : l'union du premier fils de Diana et de Charles, William, avec Catherine Middleton (née en 1982) en avril 2011. Cette année-là, un sondage révèle que 76 % des Britanniques sont attachés à la Couronne. L'événement rassemble deux milliards de téléspectateurs dans le monde entier, audience quatre fois supérieure à celle du mariage de Charles et de Diana 30 ans auparavant.

Le peuple britannique se masse pour assister au mariage de Kate et William.

Un vent neuf souffle sur la monarchie anglaise qui voit sa popularité remonter en flèche. Une nouvelle génération se fait bientôt jour avec la naissance du premier enfant de William le 22 juillet 2013, George, suivi de sa petite sœur en 2015, Charlotte Élisabeth Diana.

DES SECONDES NOCES POUR CHARLES

Depuis leur rencontre en 1971 lors d'un match de polo, la proximité qui s'installe rapidement entre Charles et Camilla n'a jamais été brisée, et ce même durant leur premier mariage respectif. Cette complicité malvenue a bien entendu entraîné d'innombrables scandales au cours de la vie conjugale de Charles avec Diana, en raison du statut royal du couple et de la popularité de Lady Di. Camilla divorce en 1995, le prince de Galles en 1996, mais ce n'est que le 9 avril 2005, 34 ans après leur rencontre, que les amants peuvent enfin s'unir l'un à l'autre.

Si Charles conserve son titre de prince de Galles, Camilla, bien qu'automatiquement princesse de Galles de par son mariage, refuse d'utiliser cette appellation, sans doute pour montrer au peuple qu'elle ne réclame pas la place de Diana dans son cœur. Elle sera donc Son Altesse royale la duchesse de Cornouailles. Cette union fait couler beaucoup d'encre, car nombreux sont ceux qui la considèrent révoltante. Perçue comme la principale responsable de l'échec du mariage de Charles et de Diana, Camilla reçoit d'abord peu de démonstrations d'affection de la part du peuple britannique. En effet, malgré les huit années qui séparent ces secondes noces de la disparition de Diana, la population éprouve encore des difficultés à pardonner le passé. Mais le temps soignant les blessures, Camilla est petit à petit parvenue à apprivoiser ses concitoyens.

UN PRIX NOBEL DE LA PAIX

Outre son charisme et sa gentillesse, Diana faisait preuve de combativité quand il s'agissait des causes humanitaires qui lui tenaient à cœur. Les nombreux clichés la montrant en contact avec des personnes séropositives ont eu un grand impact dans la campagne de sensibilisation contre cette maladie.

Son autre engagement majeur, celui contre les mines antipersonnel, en a eu un tout aussi grand : c'est le 3 décembre 1997 qu'est signé le traité d'Ottawa (aussi nommé convention d'Ottawa), qui entre en vigueur un an et demi plus tard, le 1er mars 1999. Il s'agit d'un traité à échelle internationale de désarmement prohibant l'acquisition, la production, le stockage et l'utilisation des mines antipersonnel. Comme un heureux hommage à sa mémoire, la Campagne internationale pour l'interdiction des mines antipersonnel (ICBL) remporte le prix Nobel de la Paix quelques mois après la mort de Lady Di.

EN RÉSUMÉ

- Diana Frances Spencer vient au monde le 1ᵉʳ juillet 1961, à Park House dans le Norfolk (Sandringham). Elle est l'une des filles de John Spencer, vicomte d'Althorp, et de sa première épouse, Frances. Elle grandit entourée de ses deux sœurs, Sarah et Jane, ainsi que de son jeune frère Charles. Un autre garçon, John, voit le jour en 1960, c'est-à-dire un an avant la naissance de Diana, mais décède prématurément.

- À la mort du grand-père paternel de Diana en 1975, son père John Spencer hérite du titre de comte. Diana devient dès lors Lady Diana Spencer, bientôt surnommée « Lady Di » par la presse française. Un an plus tard, en 1976, le comte Spencer épouse Raine McCorquodale après avoir divorcé de la mère de Diana en 1968. La famille Spencer déménage pour s'installer à Althorp.

- Après une scolarité menée à la Silfield Private School à Gayton (Norfolk), Diana poursuit et termine son éducation à l'institut Alpin Videmanette, en Suisse. Elle revient ensuite à Londres où elle enchaîne divers emplois, dont celui de *nanny* pour une famille américaine et d'enseignante dans un jardin d'enfants à la Young England School à Pimlico.

- Diana rencontre le prince Charles pour la première fois en 1977. Ils se revoient à nouveau durant l'été en 1980. Quelques mois plus tard, Diana est invitée dans la résidence écossaise de la famille royale afin de rencontrer la famille de Charles. Leurs fiançailles deviennent officielles le 24 février 1981 après avoir été quelque temps gardées secrètes.

- Le 29 juillet 1981 a lieu le mariage de Diana et du prince de Galles, héritier de la Couronne britannique. Ces noces se déroulent en la cathédrale Saint-Paul de Londres. Par cette union, Diana devient Son Altesse royale la princesse de Galles, comtesse de Chester, duchesse de Cornouailles, duchesse de Rothesay, comtesse de Carrick, baronne de Renfrew, Dame des Îles et princesse d'Écosse.

- Une année après son mariage, en 1982, la princesse de Galles donne naissance à son premier enfant, William. Celui-ci sera suivi d'un petit frère, Henry dit Harry, en 1984.

- En plus des nombreuses visites d'ordre officielles, Diana entreprend des missions humanitaires dans le cadre des diverses associations qu'elle parraine. La lutte contre le Sida et l'éradication des mines antipersonnel sont celles dans lesquelles elle s'investit pleinement.

- Suite à de nombreux déboires conjugaux, le couple princier décide de se séparer à l'amiable en 1992.

- Le divorce de la princesse et du prince de Galles est déclaré officiellement le 28 août 1996. Diana perd son titre d'altesse royale mais conserve celui de princesse de Galles.

- Un an plus tard, la princesse Diana décède à l'âge de 36 ans. Cette mort tragique est la cause d'un accident de la route, survenu dans un tunnel du pont de l'Alma, à Paris. Dodi Al-Fayed, le compagnon de Diana, et le chauffeur de la voiture y perdront également la vie.

POUR ALLER PLUS LOIN

SOURCES BIBLIOGRAPHIQUES

- CARS (Jean des), *La saga des grandes dynasties*, Paris, Éditions Perrin, 2014.
- CARS (Jean des), *La saga des reines*, Paris, Éditions Perrin, 2012.
- CARS (Jean des), *La saga des Windsor. De l'Empire britannique au Commonwealth*, Paris, Éditions Perrin, 2011.
- DAVIES (Nicholas), *Diana, la princesse abandonnée, 1961-1997*, traduction française de Mimi et Isabelle Perrin, Paris, l'Archipel, 1997.
- DAVIES (Nicholas) et LEUROT (Anne), *Diana, la princesse qui voulait changer le monde*, Montréal, Archipel, 1998.
- « Diana, Princess of Wales », in *The Telegraph*, consulté le 5 avril 2016. http://www.telegraph.co.uk/news/newstopics/diana/
- MARTIN (Ralph G.) et QUADRUPPANI (Serge), *Charles et Diana*, Paris, Presses de la Renaissance, 1986.
- « Princess Diana Biography », in *Biography.com*, août 2015, consulté le 15 avril 2016. http://www.biography.com/people/princess-diana-9273782
- « Princess Diana Tours Aids Home For Youngsters », in *Deseret News*, octobre 1990, consulté le 15 avril 2016. http://www.deseretnews.com/article/125531/PRINCESS-DIANA-TOURS-AIDS-HOME-FOR-YOUNGSTERS.html?pg=all
- SERVAT (Henry) et BOULAY (Cyrille), *Princesses de légende : Sissi, Astrid, Wallis, Rita, Margaret, Soraya, Ira, Grace,*

Paola, Diana, Paris, Albin Michel, 1998.

- « The Royal Family name », in *Site officiel de la famille royale britannique*, consulté le 15 avril 2016. https://www.royal.uk/royal-family-name

SOURCES COMPLÉMENTAIRES

- BERN (Stéphane), *God save the Queen ! Cinquante ans de tempête chez les Windsor*, Paris, Michel Lafon, 1998.
- COWARD (Rosalind), *Diana. Histoire d'une princesse*, préface de Nelson Mandela, Issy-les-Moulineaux, White Star Éditions, 2007.
- CROUSSY (Guy), *Les silences de Lady Di*, Paris, Denoël, 1991.
- GRAHAM (Tim) et CORBY (Tom), *Diana, princesse de Galles. L'album du souvenir*, Paris, Solar, 1997.
- KURZ (Martine) et GAUTHEY (Christine), *Diana, princesse du monde*, Paris, La Martinière, 1997.
- MORTON (Andrew), *Diana, sa vraie histoire*, traduction française d'Édith Ochs, Claude Nesle et Louise Lenormand, Paris, Orban, 1992.
- *Site officiel de la résidence familiale des Spencer, à Althorp.* http://spencerofalthorp.com/
- WEBER (Patrick), *Diana. Princesse brisée*, Paris, Timée Éditions, 2007.

SOURCES ICONOGRAPHIQUES

- Portrait de Lady Di par Snowdon, imprimé sur carte et publié par Prescott-Pickup & Co. Ltd., 1982. La photo reproduite est réputée libre de droits.

- Barbara Cartland en 1987. La photo reproduite est réputée libre de droits.
- Le couple princier en compagnie de Ronald et Nancy Reagan en 1985. La photo reproduite est réputée libre de droits.
- Margaret Thatcher. La photo reproduite provient de la Margaret Thatcher Foundation et est réputée libre de droits.
- Arrière de la pochette contenant le vinyle de l'enregistrement du mariage, effectué par la BBC. La photo reproduite est réputée libre de droits.
- Lady Di en couverture du *Vogue* en mai 1993. La photo reproduite est réputée libre de droits.
- Photo de la princesse pour le magazine *Vanity Fair*. Œuvre présentée lors de l'exposition « *Vanity Fair* Portraits » au Los Angeles County Museum of Art (LACMA) en 2008-2009. La photo reproduite est réputée libre de droits.
- Lady Di et Mère Teresa. La photo reproduite est réputée libre de droits.
- Monument à la mémoire de Diana et Dodi chez Harrods. La photo reproduite est réputée libre de droits.
- Le peuple britannique se masse pour assister au mariage de Kate et William. La photo reproduite est réputée libre de droits.

FILMS ET DOCUMENTAIRES

- *The Queen*, film de Stephen Frears, avec Helen Mirren, Michael Sheen et Alex Jennings, Royaume-Uni, 2006.
- *Lady Diana, le destin brisé d'une princesse*, documentaire

réalisé par Eudes Séméria, France, 2012.
* *Diana*, film d'Oliver Hirschbiegel, avec Naomi Watts, Naveen Andrews et Douglas Hodge, Royaume-Uni et France, 2013.

LITTÉRATURE

* COSSE (Laurence), *Le 31 du mois d'août*, Versailles, Feryane, 2004.
* TOWSEND (Sue), *La Reine et moi*, France, Seuil, 1994.

BÂTIMENTS ET OBJETS COMMÉMORATIFS

* *Candle In The Wind*, une chanson composée par Elton John en 1973, en l'honneur de Marilyn Monroe, et qu'il reprend en 1997 en hommage à Lady Diana, dont il était très proche. Le *remake* connut un bien plus grand succès que sa version originale.
* Dos d'une pièce de monnaie (25 pence) commémorant le mariage de Charles et Diana (1981).
* Fontaine commémorative Diana, princesse de Galles à Hyde Park, à Londres, inaugurée par la reine Élisabeth II.
* Hall d'exposition (The Stables Block) dédié à l'histoire de la famille Spencer dans le domaine des Spencer à Althorp.
* Jardins commémoratifs Diana, princesse de Galles, dans les jardins de Regent Centre à Kirkintilloch (Écosse).
* Mémorial dédié à la princesse Diana sous la forme d'un temple dorique, à Althorp dans le Northamptonshire.
* Monument Flamme de la Liberté, à Paris. Ce monument, réplique de la flamme portée par la statue de la Liberté,

est un don des États-Unis à la France pour marquer
la continuité de l'amitié franco-américaine. Placée à
proximité de la place de l'Alma, au-dessus du pont où
s'est déroulé le terrible accident qui a coûté la vie à
Lady Di, la sculpture est devenue indirectement un lieu
d'hommage à la princesse de Galles.

- Parcours de marche commémoratif, chemin circulaire
  entre les jardins de Kensington, Green Park, Hyde Park et
  Saint James Park, à Londres.
- Plaine de jeu commémorative Diana, Princesse de Galles,
  située dans les jardins de Kensington, à Londres.